AVIS

AU

PUBLIC.

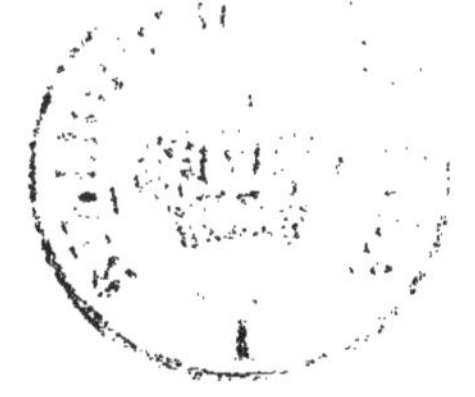

Par le Comte Desalleurs, Ambassadeur
à la Porte, en 1748:

M. DCC. XL.

AVIS
AU PUBLIC.

VOUS êtes si fort accoûtumé aux Cajoleries, aux Louanges, & à laFlatterie, qu'il y a cent contre un à parier que la Vérité toute nue vous paroîtra très-ennuyeuse.

Je ne puis cependant, pour l'acquit de ma conscience, m'empêcher de vous avertir des bruits qui courent sur votre compte. On se plaint partout hautement du mauvais Goût de vos......

Je vous vois déja révolté de m'entendre parler ainsi. Mais j'ai vraiement bien d'autres nouvelles à vous apprendre : votre amour pour les Nouveautés, votre Goût pour les Bagatelles, la bizarrerie de vos Modes, vos Caprices,

A ij   votre

votre Inconſtance , & bien d'autres choſes encore font penſer à beaucoup d'Honnêtes-Gens que vous êtes tombé en Enfance , & que vous ne faites plus que radoter. Les uns vous regardent comme un nombre infini de Têtes couvertes d'un feul Bonnet ; les autres prétendent, au contraire , que vous n'êtes rien autre choſe qu'un nombre infini de Bonnets ſans aucune Tête.

Il y en a qui vous comparent à ces *Batons flottans ſur l'Onde* , dont parle votre ami la Fontaine , & qui diſent en parlant de vous : *de loin c'eſt quelque choſe , & de près ce n'eſt rien.* J'en connois qui vont bien plus loin ; car ils diſent hautement que vous n'êtes qu'un vain Fantôme, qui n'avez jamais exiſté , & qui n'exiſterez jamais.

Enfin je vois tous les jours des Gens fort ſenſés , qui regardent comme un bonheur de n'être pas connus de vous.

Je vous avoue que ces diſcours me percent le cœur ; je ne m'accoûtume point à voir comparer au Néant quelqu'un à qui j'ai conſacré les plus belles années de ma Vie. Depuis

Depuis vingt ans je travaille à mériter votre Estime, vous considérant comme un Estre très-réel, & comme l'arbître
de ma destinée. Hélas ! seroit-il bien possible que vous fussiez une Chimere sem-
blable à ces *Universaux*, dont parlent
les Philosophes , & qui ne sont rien
dans le fond que des grands Mots vuides
de Sens.

Malheureux que je suis ! Comment
n'ai-je pas vû plûtôt que s'il y a un *Public* François, il y a aussi un *Public* An-
glois, un *Public* Italien, un *Public* Al-
lemand; en un mot qu'il y a autant de
Publics qu'il y a de Nations au monde ,
& que je ne pouvois plaire à l'un sans
paroître ridicule aux autres ?

Comment ai-je pû ignorer que dans
le centre du bon Goût, dans le sein de
ma chere Patrie, il y a cent mille Avortons de petits *Publics* qui disputent au
vrai *Public* ses Titres, son Nom, & ses
Armes ; & que ce qui charme les uns
paroît très-ennuyeux aux autres.

Mais non , je ne m'abuse point, vous
n'êtes pas un vain Phantôme, vous êtes

un

un Eſtre réel, & même très-reſpectable, puiſque vous me repréſentés le conſentement unanime des Membres de ma Nation.

Quand cela ſeroit impoſſible, je dois du moins le ſuppoſer pour mon honneur. Car n'auroit-on pas raiſon de ſe mocquer de moi, ſi je vous écrivois ici comme à un Eſtre réel, & que vous ne fuſſiez autre choſe qu'un Eſtre phantaſtique & imaginaire ?

Sur ce pied-là trouvez bon que je vous porte ici les plaintes d'un très-grand nombre de vos Membres, leſquels déſirant vous plaire & mériter votre Eſtime, ne ſçavent plus comment s'y prendre.

L'on vous a toujours accuſé d'être un peu volage & changeant. Si cette humeur n'influoit que ſur de ſimples bagatelles, l'on auroit grand tort de s'en plaindre ; aujourd'hui c'eſt bien autre choſe, dans les Matieres les plus graves & les plus importantes à l'ordre & au bien de la Société, vous vous conduiſez tout de même que dans les cas les plus frivoles. Le

Le goût du Vrai, l'amour de l'Ordre, & l'obfervation des Régles, des Principes, des Bienféances, ne paffent plus dans votre efprit que pour des termes pedantefques ; & vous n'avez que du mépris pour quiconque ofe vous parler ou de Régles, ou de Principes.

Il eft cependant impoffible de remedier aux Abus que produit la confufion, ni de fçavoir ce qu'il faut faire pour mériter votre Eftime, fi vous n'avez des Régles fixes pour conduire vos Jugemens ; car les Régles font au *Public* ce qu'un Bâton eft aux Aveugles. N'allez pas vous embarraffer fi ces Régles font les meilleures, ou fi elles font plus mauvaifes que celles des autres *Publics* ; c'eft une fource de procès donc vous ne verriez pas la fin. Il fuffit que vous en ayez, comme il fuffit aux Quinze-vingts, pour pouvoir retrouver leur gîte, que chacun d'eux ait fon Bâton, fans qu'ils ayent befoin de fçavoir fi le Bâton qui fert à l'un eft meilleur que celui d'un autre.

Songez donc férieufement à faire revivre ces Régles dont vous vous ferviez
A iiij autrefois,

autrefois , enjoignez bien à tous vos Membres de ne s'en écarter jamais ; & furtout recommandez-leur de s'inftruire avant de juger.

Ne pourriez-vous leur faire entendre qu'ils ont le droit d'examiner, de difcuter & de pefer, mais que c'eft à vous à juger ; c'eft par où vous devez commencer, car fans cette précaution, avec les meilleures intentions du monde, le grand nombre vous forceroit toujours à prononcer tout de travers.

Une autre chofe à laquelle vous devez mettre ordre, c'eft que l'on n'abufe plus de votre Nom, comme cela fe pratique aujourd'hui. Chacun fe fait fort de vous ; il n'y a fi chetif Auteur qui ne publie effrontément que fes Ouvrages vous ont plû, qu'ils font eftimés du *Public*, qu'ils font l'admiration du *Public*, &c. Mais de deux chofes l'une ; il faut que ces Auteurs foient d'infignes menteurs, ou que vous foyez le plus pauvre *Public* du monde pour approuver leurs productions.

Vos Membres auroient grand tort de n'être

n'être pas indulgents ; mais vous devez, avant toute chose, être juste, & ne pas décrier votre Autorité, en accordant votre Estime à des *Fadaises* qui n'auroient garde de paroître si votre Goût n'étoit malade.

C'est à votre facilité à approuver des pauvretés, que vous devez en partie le discredit où vous êtes ; cela fait que nos Femmes même font peu de cas de votre Estime ; & que la plûpart des Sçavans préférent leur Goût au vôtre. Cela ne doit point vous surprendre ; un *Public* qui juge sans régles, & très souvent sans examen, décide sans nulle équité, & dès-là sans autorité ; on appelle de ses Arrêts, & faute de Juges compétans, il arrive presque toujours que l'on s'en rapporte à soi-même.

Vous croyez vous tirer d'affaire en disant ordinairement, que vous jugez par Sentiment ; mais c'est-là précisément le point qui est en question, & qui entretient les disputes ; car vous n'avez pas un seul Membre qui n'en puisse dire tout autant, & qui ne prétende sentir pour le

moins

moins auffi-bien qu'un autre, quoiqu'il fente différemment. Il n'y a donc que des Régles établies, tant bien que mal, (mais cependant convenues) qui puiffent jamais décider quel eft le meilleur Sentiment ; & , puifqu'il faut vous le dire, toute votre autorité eft uniquement fondée fur une Régle convenue.

Qui doute qu'un Particulier bien inftruit & bien éclairé, ne doive beaucoup mieux juger qu'un *Public* mal inftruit & peu éclairé : mais pourquoi fon Autorité a-t-elle toujours prévalue, & prévaudra-t-elle toujours fur celle des Particuliers les plus éclairés, fi ce n'eft en vertu de l'Ordre, d'une Loi reçue, d'une Régle par laquelle il eft décidé que le Sentiment d'un Particulier doit céder au Sentiment du *Public* ?

Rien ne peut mieux vous démontrer que c'eft-là le feul fondement du Pouvoir qu'on vous attribue, que ce qui fe paffe entre vous & les autres *Publics*, qui méprifent vos décifions comme vous méprifés les leurs. Comme leur Autorité eft égale à la vôtre ; & que vous n'êtes

convenu

convenu enſemble d'aucune Régle pour décider vos différends, cela fait qu'ils n'ont pas plus de déférence pour vous que vous n'en avez pour eux.

Vous n'avez qu'à juger par-là de l'in-térêt que vous avez au maintien & à l'obſervation des Régles une fois établies chez vous. C'eſt pour les avoir négligées que votre propre Nation ſe mocque de vos Jugemens, comme feroient des Etrangers: de-là cette indifférence de vos Membres pour leurs Devoirs, de-là votre impuiſſance pour contenir les Vicieux, & châtier les Ridicules : Pouvoir que vous n'avez plus & qui étoit cependant le plus beau fleuron de votre Couronne.

En vain l'on me viendroit dire que votre Eſtime eſt ſans fruit, & que votre Approbation ne mene plus aux hon-neurs, ni à aucun bien réel. Je ſçais qu'il y a long-tems que vous ne diſpenſez plus ni Charges ni Dignités ; mais vous auriez à donner beaucoup mieux que tout cela ſi vous connoiſſiez vos forces & la va-nité de l'homme. Votre Amour & votre Haine diſpenſés bien à propos & toujours

avec

avec juſtice & avec diſcernement, ſe-
roient de puiſſants motifs pour porter à
la Vertu & pour contenir le Vice ; mais
vous l'avez décriée cette Eſtime du *Public* autrefois ſi recherchée, en regar-
dant du même œil l'Honnête-Homme
& le Fripon, l'Eſcroc & l'Homme d'honneur, le Poltron & le Brave-Homme ;
& quel cas en doit-on faire tant que vous
préférerez la Nobleſſe à la Vertu, les
grands Noms au vrai mérite, & les Richeſſes aux Talens ? Votre Léthargie eſt
telle qu'il ſembleroit aujourd'hui que les
Sots & les Fripons ſont vos plus chers
Favoris ; bien loin de vous redouter ils
parlent en votre Nom, & attaquent impunément l'Ordre de la Société.

Hé quoi ! ne rougiſſez-vous point de
proſtituer votre Eſtime à une Troupe fa-
natique qui n'a rien pour vous impoſer
qu'un extérieur apprêté, ou des Convul-
ſions ridicules. Laiſſez quelque vieille
Bigotte ou quelque Coquin d'Hypocrite
ſe couvrir d'un pareil Opprobre ; mais
ne le faites pas rejaillir ſur une Nation
entiére. Serez-vous donc toujours la
dupe

dupe des Faux-Dévots, des Hypocrites, des Charlatans & des Devins; & ne pourrez-vous jamais vous débarraffer d'une Erreur fans endoffer un Ridicule?

En voulez-vous un plus marqué que votre curiofité pour les Ecrits des Libertins & ces Ouvrages déteftables, qui par des Sophifmes ufés, cherchent à décréditer les Vérités immortelles qu'on ne fçauroit trop refpecter; & de voir d'un autre côté votre aveugle crédulité pour les impoftures groffiéres de ces Fanatiques abufés. Vous êtes à cet égard femblable à un Danfeur de corde, qui, faute de contre-poids, ne fçauroit garder l'équilibre & panche de côté & d'autre.

Je ne puis m'empêcher de rire quand vous vous plaignez quelquefois de n'être pas confulté fur des chofes effentielles & fur ces refforts politiques qui font comme les pivots de l'Ordre de la Société: c'eft grand dommage en effet, qu'on ne fuive pas vos Avis; la maniére dont vous jugez des chofes les plus triviales, doit donner une haute idée de

vos

vos lumiéres dans les grandes.

Il ne faut que lire huit jours les Ecrits que vous eſtimés, ou écouter parler deux heures les Gens qui vous donnent le *Ton*, pour être bien perſuadé que l'Ordre de la Société (s'il vous étoit confié) feroit bientôt converti en *Petaudiere*, ou en *Anarchie*.

Jugez-en par votre conduite dans des cas de moindre importance, quoique cependant relatifs à la ſûreté de vos Membres. Qu'y-a-il de plus contre l'Ordre que votre ſotte avidité pour ces Satyres perſonnelles pleines d'impoſtures & de fiel ; pour des miſérables Chanſons ſans goût, ſans fineſſe, ſans ſel ; & pour ces infames Libelles, qui laiſſant en repos le Vice, ne déchirent que les Perſonnes, & ſouvent les plus innocentes ?

On ne ſçauroit trop vous le dire ; c'eſt à votre mépris des Régles que vous devez ce mauvais Goût qui corrompt tous les Jugemens, & qui vous fait préférer l'Imagination au Bon-ſens, l'Artifice à la Nature, & le Vice lorſqu'il eſt brillant, à l'humble & modeſte Vertu.

Vous

Vous confondez inceſſamment la Morgue & la Capacité, les grands Rires avec la Gayeté, le Bonheur avec les Richeſſes; comme vous ne manquez jamais de prendre la Ruſticité & l'ennuieuſe Triſteſſe pour une preuve infaillible d'une Probité très-inſigne : tout comme ſi la Vertu n'étoit pas facile, indulgente & preſque toujours enjouée.

Il ſemble depuis quelque tems, que toute votre attention ſoit de déguiſer tous les Genres. Votre état en cela reſſemble à celui de la Vieille Rome ; pendant le tems des Saturnales, les Bouffons y donnent le Ton, les Valets paroiſſent les Maîtres, & les Poliſſons des Oracles.

Cela ne doit point vous ſurprendre ; la dépravation du Goût, eſt une ſuite néceſſaire du bouleverſement de l'Ordre ; mais vous en êtes bien puni par l'inquiétude qui vous ſuit, & l'ennui qui vous accompagne dans le ſein même des Plaiſirs.

Vous les avez ſi fort chargés d'apprêts, d'appareils & d'entraves, qu'il

faut

faut que l'homme foit incorrigible fur l'article de la Volupté, fi vous ne l'en corrigez pas.

A force de rafiner pour vouloir amu-fer enfemble des Gens de toutes fortes d'Ages, d'Humeurs, & de Conditions, vous avez fi bien opéré qu'ils s'ennuient tous également, lorfqu'ils font d'un tempéramment à ne pas aimer la Cohue, ou le Jeu, ou le *Rabachage*.

Eh ! qu'eft-ce donc que le Plaifir fans liberté, fans confiance, fans Amour & fans Amitié ? En voiez-vous la moindre trace dans tous vos Plaifirs de comman-de, vous qui vous picqués au contraire de Galanterie fans Amour; deux chofes auffi différentes qu'un Héros & un Co-médien ?

Vous êtes comme un Curieux, dont le Goût fantafque & bizarre préfére une Ebauche informe aux Tableaux les plus finis, pour nous faire entendre par-là que fon Imagination eft encore cent pi-ques au-deffus & de la Nature & de l'Art. C'eft cette même maladie qui fait que dans vos ébats vous préférés aujour-d'huï d'hui aux graces du Naturel, les *Am-figouries*, les *Parades*, les *Quolibets*, les *Jeux-de-Mots*, & le ridicule fatras d'un très-ennuyeux *Persiflage*.

Vous nous feriez croire à la fin que l'Homme n'a pas à choifir entre le Bien & le Mal, mais entre le Mal & le Pire; & qu'il choifit toujours le Pire en penfant choifir le moins Mal.

Ne vous demandez-vous jamais pourquoi vous êtes fi fenfible à des Récits ampoulés de Batailles, de Faits tragiques, & même de Faits fabuleux, & pourquoi vous êtes fi froid au Récit d'une vie paifible, ou d'une conduite équitable?

Je voudrois bien fçavoir aufli pourquoi vous afliftez toujours à la Repréfentation de ces Rapfodies nouvelles, que vous honorez du nom de Piéces de Théâtre; & pourquoi vous n'allez jamais à la Repréfentation des Piéces inimitables de Moliére & du grand Corneille?

Vous m'allez dire que vous connoiffez les Ouvrages de ces Grands-Hommes, & que vous les fçavez par cœur.

<table>
<tr><td>B</td><td>Oh!</td></tr>
</table>

[18]

Oh ! je crois fans beaucoup de peine, votre Mémoire peu chargée des Vers de nos Piéces modernes ; mais fi vous ne voulez pas les apprendre, pourquoi donc y retournez-vous ?

Il y a déja de vos Membres qui voudroient bien nous faire entendre que cela vient uniquement de ce que les Piéces nouvelles font fort au-deffus des anciennes ; je vous dois ici la juftice de convenir de bonne-foi, que je ne vous ai point oui dire une pareille Sottife ; il femble même au contraire, que vous trouveriez fort mauvais qu'on en fît la comparaifon ; mais c'eft ce qui fait qu'on demande comment vous pouvez accorder une Conduite auffi bizarre avec un Jugement auffi fain.

Vous élevez jufqu'aux nues les productions de Quinault, de Corneille & de Moliére, & vous en jugez fort bien ; mais, par la même raifon, vous devez trouver déteftables les Ecrits du même genre travaillés dans un fens contraire. Vous ne fçauriez louer les uns fans faire le procès aux autres ; à moins de nous

faire

faire entendre tacitement, que deux Propositions contraires font également véritables : or c'eft renverfer d'un feul trait toutes les Régles qu'ont les Hommes pour juger des Ouvrages d'Efprit.

Il eft des Beautés différentes, mais il n'en eft pas de contraires pour les Ecrits du même Genre ; & ce qui feroit plat dans l'un, ne peut être admiré dans l'autre : c'eft là-deffus qu'on fe fonde lorfqu'on dit, qu'il eft impoffible que deux Ecrits du même genre travaillés dans un fens contraire, puiffent tous les deux être bons.

Je fçais bien que vous prétendez que les Ouvrages d'efprit font indépendans des Régles, & qu'en matiére de Goût les Régles font arbitraires ; mais lorfqu'on en eft venu-là, les difputes fur le bon Goût ne font plus rien autre chofe que des difputes de Mots.

Or je me garderai bien d'entrer en lice avec vous fur le fens propre des Mots ; malgré notre Académie vous ferez toujours le Maître, l'Arbitre & le Juge-né de la fignification des Mots,

quoi-

quoiqu'il vous arrive fouvent de donner au même Mot des fignifications diverfes.

Le *Bel-Efprit*, par exemple, étoit autrefois chés vous un titre fort ridicule, & même affés méprifable ; les chofes font bien changées, aujourd'hui chacun veut l'être, nous n'avons ni Petit ni Grand qui n'afpire à cet honneur, & cela parce qu'on remarque que le *Bel-Efprit* vous plaît, & même qu'il vous impofe.

D'où peut venir, je vous prie, un changement fi étrange? Ce n'eft pas affûrément de la part de nos Beaux Efprits, car ils font toujours les mêmes que ceux dont vous vous mocquiez ; leur crédit ne vient-il point de la difette des Grands Hommes, qui vous fervoient dans ce tems-là de Piéces de comparaifon ? Je vois bien des Gens qui le penfent; mais en voici une raifon qui me paroît bien meilleure. Je m'imagine qu'autrefois vous ne faifiez cas de l'Efprit qu'autant qu'il contribuoit au bonheur des Sociétés; il eft vrai que fur ce pied-là, ce qu'on appel un *Bel-Efprit*, n'eft pas plus

utile

utile à l'Etat que l'est un *bon Joueur de Quilles*. (*a*)

Vous en jugiez donc alors comme faisoient les Romains dans les premiers tems de la République. Tant que Rome eut des Citoïens généreux, sages, équibles, & dévoués au bien Public, il n'y eut pas un Bel-Esprit ; mais il y en eut à milliers quand ces Citoïens disparurent.

Que penser donc aujourd'hui de cette démangeaison que l'on remarque dans vos Membres pour vouloir avoir de l'Esprit ? Hélas ! seroit-il bien possible que l'Esprit-humain fût sujet aux maladies épidémiques ainsi que le corps ; & ne faut-il pas être malade pour préférer, comme vous faites, un faux *Bel-Esprit*, au Bon Sens ; ce qui vous méne pied-à pied à faire cas du Superflu & à mépriser le Nécessaire ?

N'êtes-vous pas encore à la veille de vous laisser *embéguiner* de cet Esprit Philosophique, dont on vous étrenne aujourd'hui, & dont vous avez la

(*a*) Mot de Malherbe.

bonté

bonté de recevoir les complimens ?

Vous ne vous appercevez donc pas que c'eſt un Ridicule que les Philoſophes veulent vous donner, pour ſe venger du mépris que vous avez toujours eu pour eux.

Imaginez, ſi vous pouvez, un Spectacle plus ridicule que le ſeroit une Aſſemblée compoſée d'Hommes & de Femmes *Néologues* & Philoſophes : or ſi vous y regardez de près, l'un méne tout droit à l'autre ; les *Néologues* ſont des gens qui prennent des Mots pour des Choſes, mais qu'eſt-ce qu'un Philoſophe ?

Ecoutez-les diſcourir ſur la Nature, l'Eſpace, l'Infini, le Vuide, les Corps, & ſur les propriétés du moindre Atôme de Matiére, ils ſe ſervent des mêmes Mots ; mais dans un ſens très-différent & le plus ſouvent contraire : faut-il s'étonner après cela s'ils ne ſont convenus de rien ?

Plus ils débattent une Queſtion, & plus ils ſont loin de s'entendre : une Difficulté en amene une autre ; & il eſt arrivé

rivé affez plaifamment que les Queftions qu'ils ont le plus approfondi, font devenues les plus obfcures. Qu'y a-t-il de plus difcuté que l'effence de la Matiére & la nature de l'Efprit ; & qu'y a-t-il de moins connu ? Après deux mille ans de difpute, ils en font encore à débattre de la fignification des Mots qu'ils emploient à les définir. Eh ! Meffieurs, pourroit-on leur dire, accordez-vous fur quelque Point, fi vous voulez que l'on vous croye. C'eft fe jouer impudemment de la fignification des Mots, que de donner, comme ils font, pour certain & très-évident ce qui femble obfcur au Public ; puifque ce qui eft évident ne peut manquer de le paroître fans contradiction dans les Termes.

Ils font les premiers à vous dire que le propre de l'Evidence eft de captiver notre Efprit, auffi-tôt qu'on la lui préfente ; mais comment ne voyent-ils pas qu'ils fe coupent eux-mêmes la gorge, & que leur procès eft tout fait lorfqu'on ne voit rien d'évident dans leurs *Songes* métaphyfiques, & leurs *Billevefées* phyfiques ?

Vous

Vous êtes fait pour les juger, n'allez donc pas être affez Sot pour vous conftituer Partie dans leurs Débats philofophiques. Et dans le fond, que vous importe de fçavoir fi la Terre eft ronde ou bien applattie par fes Poles ? Il vous eft fort indifférent de connoître fi la Matiére eft divifible à l'infini, ou fi elle ne l'eft pas; mais ce qui vous importe beaucoup, c'eft ce qui regarde les Mœurs; vous ne fçauriez à cet égard, leur tenir la Bride trop haute, tant pour leur Bien que pour le vôtre.

Je rougis pour vous, quand je penfe à quel point vos Philofophes négligent cette partie; & quels font les Gens aujourd'hui qui écrivent fur la Morale?

Les uns font de Beaux Efprits qui vont fe guinder dans les Nues, & dans les abftractions des Idées Métaphyfiques, pour trouver la relation d'un mari & de fa femme; tout comme s'il étoit befoin de mêler le Ciel & la Terre, & de fonder l'Infini, pour établir les Devoirs d'un Maître avec fes Valets, d'un Pere envers fes Enfans, &c.

Les

[25]

Les autres font des *Freluquets* n'ayant
que la Cape & l'Epée, lefquels renver-
fant d'une main ce qu'ils établiffent de
l'autre, nous donnent infolemment leur
petit Avis pour le vôtre.

Mais qu'eft-il arrivé de-là ? on ne lit
jamais ceux-ci, & on n'entend pas les
autres. Ce feroit un petit malheur, &
j'en rirois comme un autre, fi cela ne
conduifoit pas à une Ignorance très-
craffe de ce que chacun doit faire pour
bien remplir fes Devoirs. Lorfque vous
les negligés, je fuis très-porté à croire
que c'eft bien moins par malice que
faute de les connoître ; ce qui me le
perfuade, c'eft votre capacité pour les
Chofes où l'on vous exerce : y a-t-il
un *Public* au monde qu'on puiffe vous
comparer dans l'art de monter une Boë-
te, ou de rouler des Papillotes?

Il eft vrai que l'on pourroit craindre
qu'ayant contracté l'habitude de penfer
à des Bagatelles, votre efprit n'eût plus
d'aptitude pour les chofes un peu fe-
rieufes; mais le mal n'eft pas fans remede. Il n'eft pas encore décidé fi l'Habitude

tude vous tient lieu d'une seconde Nature, ou si la Nature n'est rien qu'une pre-
miere Habitude ; en ce cas vous courez
risque d'être comme certaines Femmes
qui ont le Sentiment très-fin & le Jugement peu solide.

Leur Esprit est comme leurs Mains qui
sont naturellement foibles, quoiqu'elles
ayent le bout des doigts d'une adresse
presqu'incroyable.

Ne craignez pas que je m'étende sur
ce Goût pour les Bagatelles que beaucoup de Gens vous reprochent ; l'abus
seul en est condamnable, & l'on ne doit
regarder le panchant qui vous y porte,
que comme une de ces foiblesses atta-
chées, pour ainsi dire, à notre Condition : l'Homme est tout pétri de Foiblef-
ses, & il n'en a jamais tant que lorsqu'il
croit n'en point avoir. Dans le fond
quel est le *Public* qui n'ait pas aussi sa Ma-
rotte ? Mais vous avez, ce me semble,
bien d'autres choses à penser ; un seul
de ces vices du Cœur, & de ces défauts
d'Esprit, qui portent préjudice à l'Ordre
qui lie les Societés, est beaucoup plus

pernicieux

pernicieux que toutes les Foibleſſes ſemblables.

Un des meilleurs Eſprits du monde
a remarqué très - finement qu'il eſt des
Hochets pour chaque Age ; l'on pourroit
dire de même qu'il en eſt pour chaque
Public. Le goût des *Ponpons* eſt le vôtre ; & le mal ſeroit fort leger, ſi par un
excès d'Amour-propre, vous ne tiriez
vanité d'un auſſi frivole avantage que celui d'inventer les Modes.

Plût - à - Dieu que cet Amour-propre
voulût bien en demeurer là ; mais (ſouf-
frez que je vous le diſe) c'eſt lui qui vous
rend ridicule & quelquefois inſuporta-
ble aux autres *Publics* vos voiſins, leſquels, ſi vous n'y prenez garde, vous
regarderont à la fin tout comme on regarde chez vous un Petit-maître plein de
vent.

Je vois tous les jours des Flatteurs qui
veulent vous faire entendre que le brillant de vos Manieres, les agrémens de
votre Eſprit, l'excellence de votre Goût,
& la forme de vos Chapeaux leur donne
de la jalouſie ; mais faut-il une autre raiſon

ſon pour les éloigner de vous que leſ *Airs avantageux* que vous avez ſur eux?

C'eſt cette Eſtime de vous-même, qui vous porte à mépriſer tout ce qui n'eſt pas analogue à vos Mœurs & à vos Manieres, qui les alienne de vous.

Faut-il que vous empoiſonniez par un excès de Vanité beaucoup de belles qualités que vous avez reçu des Cieux, & qu'étant fait pour être aimable; & peut-être le plus ſociable de tous les *Publics* du monde, un ridicule Amour-propre vous rende haïſſable à ceux même qui ſont portés à vous donner leur Eſtime & leur Amitié?

Mettez-vous bien dans la Tête que cette contrariété de Mœurs, de Loix, de Langage qui eſt entre les *Publics*, n'eſt point un ſujet de haine, & moins encore de mépris. Ils ſont ſemblables aux divers Arbres qui portent différents Fruits: ſi vous jugez de leur valeur par le goût que vous y trouvez, leur diſproportion eſt énorme, quoiqu'ils ſoient parfaits dans leur genre rélativement à l'ordre & aux vûes de leur Créateur.

Défaites-

Défaites-vous donc pour jamais de cette Préſomption odieuſe & puſillanime , & n'écoutez que les conſeils de cette Géneroſité qui vous eſt propre & naturelle, & qui valut à vos Ayeux le titre de Ma-gnanimes.

Cultivez les heureuxTalents que vous avez pour les Arts & pour la Societé ; mais que ce ſoit ſans Orgueil, ſans aucun Mépris pour les autres : ils vous regarde-ront alors comme les différents Peuples de la Grece regardoient les Athéniens , qui préferoient à l'honneur d'être redou-tés d'aucuns, le bonheur ineſtimable de ſe faire aimer de tous.

Que j'aurois de choſes à vous dire là-deſſus ! mais je craindrois à la fin, d'a-buſer de votre Attention ; & je ſçai qu'il vous eſt défendu d'en avoir plus d'un quart-d'heure pour quelque choſe que ce ſoit.

Il n'y a plus que les Romans qui puiſ-ſent être un peu longs ſans craindre de vous ennuyer. Comme la triſteVérité n'a pas le même privilege, j'ai imaginé pour vous plaire & pour payer votre curioſité

par

par quelque chofe de nouveau, de finir
ici cet Ecrit comme l'on finit un Ron-
deau :

Vous êtes ſi fort accoûtumé aux cajole-
ries, aux louanges, à la flaterie, &c.

FIN.

RÉPONSE DU PUBLIC.

M. DCC. XL.

Par le Comte Lefalleur

RÉPONSE
DU PUBLIC.

L'AVIS que vous me donnez ; le Zéle que vous témoignez pour mon Bien ; & le Respect que vous professez à mon égard, font des Sentimens si peu communs aujourd'hui, & que je rencontre si rarement, que j'en suis pénétré d'Attendrissement & de Reconnoissance. Je crois ne pouvoir vous en donner une plus forte preuve, qu'en vous ouvrant mon Cœur en toute confiance. Non vous n'êtes point un Faux-Frere ; je crois que vous n'avez que de bonnes intentions, & que je puis, sans danger, vous montrer à découvert mes Intérêts, mes Malheurs, & la triste nécessité où je suis d'employer la Dissimulation : car mon Silence n'est pas toujours comme vous le croyez une Approbation tacite de ce qui se passe.

Reconnu pendant une longue suite de Siécles pour un Juge sans Appel, je Prononçois autrefois, & mes Décisions faisoient Loi. Cet heureux Tems n'est plus ; mes Droits ont changé avec les Tems ; & si c'est une erreur de croire qu'il faut toujours céder à la Multitude, je n'éprouve que trop aujourd'hui que c'est encore un plus grand Malheur lorsque la Multitude est obligée de céder au Petit-Nombre.

Vous m'avez jugé, comme je juge les autres, sur ma Conduite ; & je ne suis point étonné que l'on me compare à des Bonnets sans Tête : je suis, mon cher Ami, encore plus à plaindre que vous ne croyez, car je suis à la veille de jetter le mien par dessus les Moulins.

Il ne me reste que mon Nom ; ce nom est aujourd'hui tout mon Bien, & le seul, par l'usage duquel je puis rentrer dans la Possession de tout ce qu'on a usurpé sur moi. C'est aussi par-là qu'on

m'attaque

m'attaque & que mes Ennemis élevent,
comme vous dites très-bien, à mon préjudice, une quantité de *Petits* avortons
de *Publics* qui veulent me dépouiller
de mon Nom, de mes Armes, & de
mon Patrimoine.

Vous avez deviné mon Mal, mais
vous ignorez le deſſous des Cartes; vous
confondez l'Effet avec la Cauſe, & vous
croyez que je ſuis en enfance. Je ſuis Interdit, j'en conviens; mais ce n'eſt pas
parceque je radotois que l'on m'a interdit; c'eſt au contraire, parceque l'on
m'a Interdit, que je parois radotter.

Je ſuis comme un Malade dont l'Eſ-
tomach auroit beſoin de changer d'Ali-
mens. La diſette des bons Vivres, &
l'abondance des mauvais me force à me
repaître de ce qu'on me préſente. Je
ſens l'effet de mes mauvaiſes Digeſtions;
mais il faut bien que je vive à quelque
prix que ce ſoit. Pour comble de malheurs, on paroît encore avoir pour moi
des Attentions & des Reſpeǔs qui ne
ſont qu'un jeu; on me fait mourir de
faim, & en me ſervant des Plats vuides,

on me fait de grandes Révérences ;
comme le Médecin de *Sancho* lui en
faisoit en l'affamant dans son Isle.

Les *Petits Publics* ont imaginé une
trahison d'une nature toute singuliére,
& de laquelle je ne puis me défendre
sans risquer le tout pour le tout. Pour
envahir mon Bien , ils n'ont fait que
changer la dénomination des deux Es-
péces de Monnoye que je faisois circu-
ler ; & je me suis trouvé dépouillé de
tout ce dont j'avois seul autrefois la Possession & la Distribution. Ces Monnoyes
s'appelloient, l'une *la Réputation* , &
l'autre *le Bon-Goût.* Ils les appellent aujourd'hui *la Consideration* & *le Bon-Ton* ;
& sous ces deux Noms qu'ils donnent
pour être Sinonymes aux deux anciens,
tout le plus clair de mon Bien s'est éva-
noui en fumée.

Pour vous faire connoître la triste
Situation où je suis, il faut vous donner une Idée de la forme du Gouver-
nement de ces *Petits Publics.* Chacun
d'eux est composé d'un nombre d'Es-
péces mêlées de tous les Etats différens ;

chacun

chacun ſuivant le Quartier qu'il habite, a ſon Idiome particulier ; ce qui fait qu'à peine ſe connoiſſent & s'entendent-ils. Ils ſont même dans une Jalouſie continuelle l'un contre l'autre ; mais ils ont un Lien général, un Agent commun qui les réunit, un Etre indéfiniſſable, un Je-ne ſçai-quoi, que jadis on appelloit *Ridicule*, & qui eſt aujourd'hui leur Idole ſous le nom du *Bel-Air* & du *Bel-Eſprit*. C'eſt par le moyen de ce *Médiateur* que les Décrets de chacun de ces *Petits Publics* acquiérent force de Loi; tout doit avoir ſon Attache, tout doit-être marqué à ſon Coin ; & c'eſt lui qui frappe & diſtribue les nouvelles Eſpéces de *Conſidération* & de *Bon-Ton*.

Dès qu'il a décidé que Monſieur Tel, ou Madame Telle a le *Bon-Ton* ; que leurs Ouvrages, que leurs Converſations ſont du *Bon-Ton* ; dès-lors ils joüiſſent de tous les Droits jadis attribués au *Bon-Goût*, & ils n'ont d'autre obligation que celle de s'imiter & de ſe ſurpaſſer eux-mêmes dans ce Genre.

Dès

Dès que le *Grand Médiateur* a décidé que telle Action de Monsieur Tel ; que telle Conduite de Madame Telle doit lui acquérir une certaine *Considération*, dès-lors ils joüiffent de tous les Droits attachés jadis à la *Réputation* ; avec cette différence, qu'anciennement la *Réputation* impofoit la dure charge de la foutenir, au lieu que la *Considération* moderne s'acquiert & s'augmente par les moyens qui devroient la faire perdre.

Un des plus grands Talens du *Grand Médiateur*, & celui qui conftitue le plus fon Effence, eft de fçavoir mettre les Chofes & les Gens à la place où ils ne doivent point être ; C'eft ce qui fait que les Arrêts qui enregiftrent pour le *Bon-Ton* font toujours dattés d'un Lieu étranger au Sujet dont il s'agit.

On examinera, par exemple, aux Foyers de la Comédie les Sermons d'un Prédicateur, ou les Factums des Avocats. Une Tragédie légere & galante fera lûe chez une Dame de la Pre-
miere

miere-Qualité, ou du Premier-Ridicule,
(ce qui fe peut fans Méfalliance ;) il
s'y trouvera deux *Agréables* manqués de
Corps & d'Efprit, qui donneront leur
Approbation pour les Sentimens ; la
Maîtreffe de la Maifon fera le Juge de
la Morale, la Piéce fera enregiftrée fur
le Catalogue des Ouvrages du *Bon-Ton*.

Une Differtation Métaphyfique, ou
Géométrique eft portée chés un Mar-
quis du *Bel-Air*, qui donne à fouper
à des jeunes Gens de fes Amis ; deux
demi-Poëtes s'y trouvent, & quelques
Muficiens ; l'Ouvrage eft examiné, il y
a des Saillies piquantes, un Tour ingé-
nieux pour expliquer un Problême,
cela eft neuf, cela eft bon : *enregiftré
pour le Bon-Ton*.

Un Tel a fait une Parade délicieu-
fe ; on doit la jouer le foir chés une
Perfonne excédée des froides Plaifan-
teries de Moliére, & des Sentimens gi-
gantefques de Corneille. La Repréfentation fera précédée de la lecture des *E-
trennes de la Saint Jean*, des *Batailles*,
des Chiens, & autres belles Chofes de
cette

cette Nature ; le tout fera trouvé très-plaifant , & du bon plaifant : *enregiftré pour le Bon-Ton.*

S'avife-t-on par mégarde de porter chés un jeune Magiftrat un Ouvrage férieux qui a rapport à fon Métier , & où il y a quelques points de Droit-Public ou Particulier traités avec mé-thode & juftefle ; Quel eft ce Fat, dira-t-on, qui croit ici nous enfeigner ce que nous fçavons mieux que lui ? Quel Fatras ! quel Stile lourd & pédantefque ! *Fi , cela n'eft pas du Bon-Ton :* Ainfi du refte. Et voilà ce qui fait que tout eft prononcé, décidé , imprimé , réimprimé , & confacré à l'Immortalité avant que je fçache un mot de ce dont il s'agit. Quel parti puis-je prendre : fi je m'avife de dire mon Sentiment, je ne fuis plus le *Public* , je fuis le Peuple le plus ignare & le plus groffier ; fi je ne dis mot, on fe prévaut de mon Silence ; il faut donc que je joue néceffaire-ment le Perfonnage d'un Sot, ou que je paffe pour un Provincial.

La monnoye de *Réputation* n'a pas
effuïé

effuïé de moindres variations que celle du *Bon-Goût*. Des Actions diftinguées
dans tous les Genres ; des Succès à la
Guerre ; des Batailles gagnées ; des Né-
gociations épineufes terminées habile-
ment ; la Juftice rendue au Poids du
Sanctuaire , fans égard au Crédit ou à la
Brigue ; des Procédés nobles & généreux , fans oftentation ; des Malheureux affiftés dans le Befoin & avec le
plus grand fecret ; des preuves d'Amitié conftante ; des faveurs de la Fortune , des Graces de la Cour reçues avec
Modeftie ; des Revers foûtenus avec
courage & fermeté ; & les Vertus fem-
blables , font aujourd'hui hors de Mode,
& prefqu'auffi décriées que la Monnoye
qui me fervoit autrefois à les payer.

On s'enrichit plus aifément aujour-
d'hui par l'adreffe de ces *Petits* Co-
quins de *Publics* qui font convenus entre eux de convertir l'*Opinion publique*
en Préjugé populaire : auffi la Diftribu-
tion de la *Confidération* fe fait-elle en la
même forme que celle du *Bon-Ton*. On
m'a même affuré qu'il alloit paroître

une

Ordonnance en faveur des *Petits Publics*;
Vous jugez bien qu'elle leur eſt favo-
rable en tout genre , puiſque le *Média-*
teur y a mis ſon Sceau : car le *Médiateur*
influe autant en matiere de *Conſidération*
qu'en tout le reſte. L'Ordonnance por-
tera Permiſſion & Plein-pouvoir à chacun de ſe conduire & de penſer à ſa fa-
çon. » Permis aux jeunes Magiſtrats de
» ne rien ſçavoir , de ne rien apprendre ,
» & de décider à tort & à travers de la
» Fortune d'un chacun, ſans que cela les
» empêche de parvenir à de plus grands
» Emplois, & à la *Conſidération* qui y eſt
» attachée.

   » Permis aux Financiers d'être auſſi
» Inſolens que Riches , pourvû qu'ils
» donnent ſouvent des Soupers de la
» nouvelle Cuiſine : *ordonné que* Con-
» ſidération *s'enſuive.*

   » Permis , non pas de faire la Critique
» de ſon Siécle en général , mais bien de
» nommer Noms par Noms, déſigner ,
» chanſonner, & déchirer à Belles-dents
» un nombre infini d'Honnêtes-gens qui
» ne l'ont pas mérité : *ordonné pour les Dif-*
famateurs

» *famateurs que* Confidération *s'enfuive.*

» Permis aux Gens de tout Age & de » tout Etat de méprifer les Bienféances » de l'un & de l'autre : *ordonné comme* » *deffus.*

» Permis aux Femmes de tout Etat » d'être auffi Galantes que bon leur fem- » blera, pourvu que ce foit avec Eclat & » Scandale, jufqu'à ce que *Confidération* » s'enfuive.

» Permis enfin de faire impunément » tout ce qui eft défendu par les Loix » de la Probité, de l'Honneur, & des » Bienféances, pourvû que ce foit d'un » air lefte & avec confiance.

» Voulons que ceux qui feront dans le » Cas de la préfente Ordonnance, per- » çoivent les émolumens de *Réputation* » en monnoye de *Confideration,* fans être » Comptables à perfonne. »

Voilà, comme vous voyez, une bel- le Ordonnance. Ceux en faveur de qui elle eft faite ont interêt qu'elle s'execute bien-tôt ; fi j'en profcris l'ufage on fe moquera de moi ; fi je ne m'y oppofe pas, on me reprochera dans les Siécles

futurs

futurs que j'étois le plus indigne *Public*
qui ait jamais été. C'est ainsi, cher Ami,
que je suis le Joüet des *Petits* avottons
de *Publics* qui prennent mon Nom contre moi - même : ne suis - je pas comme
Sosie battu par un autre *Sosie* ?

N'abusez point de mon secret, si
vous êtes l'Homme que je cherche,
mais trouvez-moi un Expédient qui me
délivre de la Tirannie de ces *Petits Publics* ; sans cela quelqu'un de ces jours je
ferai un trou à la Lune.

F I N.

RÉPONSE

AU

PUBLIC.

M. DCC. XL.

RÉPONSE
AU PUBLIC.

JE serois indigne de vos Bontés & de porter le Nom de Citoïen, si je n'étois pénétré de Douleur de la triste Situation où vous êtes. Je donnerois tout ce que j'ai de plus cher au monde, pour pouvoir trouver un Reméde aux Malheurs dont vous vous plaignez ; mais cela est au-dessus de mes forces. Tout ce que je puis faire aujourd'hui, c'est de vous indiquer un *Palliatif*, dont j'ai vû arriver des Miracles. C'est un Reméde si aisé à prendre, que vous serez surpris vous-même de ne vous en être pas avisé. Non seulement c'est un bon Secret pour engager tous les Membres

 d'une

d'une Société à être Vertueux ; ou du moins à le paroître ; c'eſt encore un Expédient pour rendre les Particuliers capables de leurs Emplois ; enfin c'eſt le ſeul Moyen de rendre les Noms Propres, & ſurtout les Grands-Noms utiles au *Public* & à la Société. Mais pour vous mettre en état de juger des utilités de ce Remede, je crois devoir vous rendre compte de la maniére dont il eſt venu à ma connoiſſance.

J'allai en 1720. au Japon en qualité de Capitaine de Vaiſſeau : cet Empire autrefois ſi floriſſant étoit dans la der-niére miſére. Le Peuple réduit à la Men-dicité étoit abſolument découragé ; & les Terres reſtées incultes, annonçoient une Diſette prochaine & une Déſola-tion totale ; le Commerce y étoit tel-lement tombé, que je fus près de deux ans à *Nangaſaki* ſans pouvoir me dé-faire d'une partie de ma Cargaiſon.

Enfin *Coxi*, Gouverneur de *Nan-gaſaki*, avec lequel j'étois lié d'une Amitié très-étroite, me conſeilla de m'en retourner, en me faiſant voir

que

que ce feroit perdre mon tems que de m'obftiner à refter au Japon. Je fuivis fon Confeil, & j'allai rendre Compte à mes Supérieurs du mauvais fuccès de mon Voyage.

Ils jugérent à propos de m'y ren-voïer en 1738. Mais je fus frappé d'é-tonnement en approchant des Côtes du Japon, que j'avois laiffé incultes & prefque défertes, de voir les Terres cultivées jufqu'au Sommet des Montagnes; & le Rivage bordé d'un nombre infini de Vaiffeaux, & de Bâtimens, qui annonçoient un Commerce floriffant & un Etat fort peuplé.

Mon étonnement redoubla en entrant dans *Nangafaki*, de voir la Ville augmentée du double. Les Maifons bien bâties, & toutes les Rues couvertes d'un Peuple innombrable, dont l'Air & la Joie annonçoient cet état de Profpérité, qu'il eft plus aifé de s'imaginer que de décrire. Je courus chez mon Ami *Coxi* pour apprendre les Raifons d'un Changement fi étrange. *Coxi* vint au-devant de moi, & m'embraffant les

A iij larmes

larmes aux yeux, Ah ! mon Fils , me dit-il , que j'ai de joie de vous revoir ! quel Bonheur pour un Cœur tendre de pouvoir partager avec fon Ami fa Gloire & fes Plaifirs : Vous m'avez laiffé *Coxi* , & vous me retrouvez *Coxi-Ficondom.*

Quoique je n'entendiffe rien à ce qu'il me difoit, je lui témoignai la part que je prenois à la Joie que je voïois peinte fur fon Vifage. Après les premiers Complimens ufités en pareilles occafions au Japon, je lui demandai avec empreffement , la Raifon d'un Changement auffi furprenant que celui que j'avois remarqué dans le Peuple & dans la Ville de *Nangafaki.*

Ah ! mon Fils , me dit-il , ce que vous avez vû n'eft qu'un foible Echantillon de la Gloire & du Bonheur dont nous jouiffons par les Soins du Grand *Taïcofamma.* Il a fallu un Génie auffi Sublime que le fien , pour nous tirer de l'état déplorable où nous étions , par le Moyen le plus fimple qui foit jamais tombé dans l'Efprit de l'Homme;

me ; puiſqu'il conſiſte uniquement à al-
longer tous les Ans le Nom Propre
de chaque Particulier de quelques Lettres, ou de quelques Signes qui déno-
tent ſes Vertus, ſes Vices, ſes Talens,
ſes Habitudes, ſes Mœurs, ou ſes In-
clinations.

Par-là le Nom Propre de chaque
Particulier, en déſignant ſon Caractére, déſigne en même tems la Place
qu'il doit remplir dans la Société ; par-
là enfin chacun trouve dans ſon propre Nom la Récompenſe de ſes Vertus, de ſes Talens, & la Punition de
ſes Vices.

Je crus alors que l'Ami *Coxi* avoit
perdu l'Eſprit ; mais j'en jugeai bien
différemment après un quart d'heure de
Converſation. Vous avez pû remarquer,
continua-t-il, dans le dernier Voyage
que vous fîtes ici, que les *Phaats*,
(C'eſt le Nom qu'on donne aux Grands
& aux Riches dans le Japon,) étoient
les Maîtres du Pays ; qu'ils diſpoſoient
de tout à leur gré ; & que les Peuples
gémiſſans ſous le poids de leurs Véxa-
tions

tions, étoient dans la derniere Miséré.
Le Mécontentement des uns, l'Or-
geuil, la Vanité, le Luxe, & l'Incapacité des autres, annonçoient la Déca-
dence de l'Empire, & une Révolution
prochaine ; lorsqu'il vint un Ordre de
la Cour, qui enjoignoit à tous les Sujets de l'Empire de se faire enregistrer
dans le Lieu de leur Résidence ; & qui
ordonnoit aux Magistrats de tenir la
main, à ce que chacun se fit inscrire par
son Nom propre, auquel l'on ajoûteroit
deux ou trois *Sobriquets* relatifs à ses
Mœurs, à ses Vices, à ses Vertus, &
à ses Talens.

Ces *Sobriquets* pouvoient nous être
donnés en trois maniéres, ou par le cri
public, & le consentement unanime de
tous les Sujets résidents dans le même
lieu ; ou par le jugement de nos Pairs,
de nos Camarades & des Personnes de
même âge que nous, au nombre de cin-
quante ; ou enfin par l'Autorité du Tribu-
nal des Noms établis *ad hoc* dans chaque
Ville, & autorisé par le Souverain pour
juger des Vies & Mœurs, des Talents &

du

du Caractére de chaque Particulier, ce qui se devoit faire tous les ans à pareil jour, publiquement, & en cérémonie.

A l'arrivée d'un pareil Ordre, il n'y eut Personne au Japon qui ne crut que le mauvais Etat de l'Empire avoit tourné la tête à l'Empereur & à ses Ministres. Mais notre surprise fut extrême lorsqu'un mois après il vint un nouvel Ordre de la Cour qui destituoit les Magistrats, les Officiers, & généralement tous les Gens exerçant quelque Emploi public, lorsqu'ils étoient sans *Sobriquets*, ou lorsqu'ils en avoient d'incompatibles avec leurs Emplois. Le même Ordre nommoit à leur place des Gens qui ne s'y attendoient pas, mais dont les *Sobriquets* indiquoient les bonnes Mœurs aussi-bien que leurs Talents, & leur Capacité pour ces Emplois.

Cela nous ouvrit les yeux sur les vues de la Cour, & vous n'imaginez point l'étrange révolution que fit dans tous les Esprits l'exécution de ces Ordres. Comme chacun, dès sa Jeunesse, est obligé de porter à la suite de son Nom propre

quelques

quelques Signes & quelques Lettres qui déſignent ſes Talents & ſon Caractére ; il n'y a pas un ſeul homme qui ne faſſe tout ſon poſſible pour tâcher d'acquérir les Signes qu'il voit être ſuivis de l'Eſtime, comme pour éviter tous ceux qu'il voit toujours accompagnés, ou de la Honte ou du Mépris.

Les ſeuls *Phaats* furent un peu mécontens de l'exécution de ces Ordres, parce qu'il leur eſt bien plus difficile d'acheter les *Sobriquets* qui menent aux Emplois, que d'acheter les Emplois mêmes, comme ils faiſoient auparavant ; mais ils n'oſeroient s'en plaindre, de peur de donner à connoître leur Ineptie & leur peu de Talents.

D'ailleurs, ils ont encore un moyen de s'attirer de la Conſideration, en payant à l'Etat outre leurs Impoſitions perſonnelles, celles que doivent les Malheureux qui n'ont pas dequoi les payer ; au moyen dequoi ils ont l'honneur d'ajouter à leur Nom propre celui de *Phaat-Cinq*, *Phaat-Six*, *Phaat-Dix*, ſuivant le nombre de Pauvres qu'ils ont ſoulagés ce

qui

qui ne laiſſe pas de les faire eſtimer, ſans les rendre pour cela capables d'exercer aucun Emploi public.

Ces Moyens tous ſimples qu'ils vous paroiſſent, ſuffirent pour redonner à l'Etat une Face nouvelle ; les utilités en furent ſi promptes, ſi marquées, qu'avant la fin de l'année, le *Daïro* fit publier partout l'Empire le Code des *Sobriquets* que nous regardons aujourd'hui comme la Loi fondamentale de l'Etat.

Par le premier Article, il eſt dit qu'il n'y a que les *Sobriquets* relatifs aux bonnes ou aux mauvaiſes Qualités de l'Ame qui puiſſent élever les Particuliers aux Emplois, ou les en exclure.

Enſuite on y explique fort clairement la maniére dont il faut s'y prendre, pour éviter toute ſorte de fraude dans l'Enrégiſtrement & l'impoſition des *Sobriquets*.

Et pour l'Inſtruction de la Jeuneſſe, on a joint à cette Ordonnance le Tarif des Emplois publics : leur Valeur n'y eſt plus énoncée en argent, mais on y explique fort au long le nombre & la qualité

lité des *Sobriquets* relatifs à chaque Emploi, & néceſſaires à avoir pour les obtenir.

L'on entre dans un grand détail ſur la nature de ceux qui excluent abſolument de toute ſorte d'Emploi, auſſi-bien que de ceux , qui en donnant l'excluſion pour de certaines Places, ne la donnent pas pour les autres.

Par ce Moyen chacun ſçait ce qu'il doit faire , & les choſes auſquelles il doit s'appliquer pour arriver aux Dignités qui flattent ſon ambition.

Par-là nous avons en tout tems une pepiniere de Sujets propres à remplir toute ſorte d'Emplois, ſans craindre que les grands Biens , l'Intrigue & le Manége puiſſent jamais l'emporter ſur le Mérite & ſur les Talents.

Auſſi remarquerez-vous ſans peine, que les Grands-Noms ſont non-ſeulement les plus conſiderés , mais encore les plus inſtruits & les plus vertueux de la Nation. Nos Reſpects vont preſque juſqu'à l'Adoration pour les Noms chargés de *Sobriquets* qui annoncent de

grandes

grandes Vertus & de grands Talents.

Mais si nous considerons beaucoup les Porteurs de ces grands Noms, nous ne faisons cas que des Femmes dont le nom est sans *Sobriquet*, & la raison en est bien simple.

Comme elles ne sortent jamais, & que tout leur mérite consiste à plaire à leurs Maris & à s'entremettre des soins de leur ménage ; nous ne leur demandons autre chose que d'avoir un Nom propre, & nous regardons toutes celles qui ont quelque *Sobriquet*, quelque galant qu'il puisse être , comme des Femmes dé-criées, ou pour le moins trop connues.

Voilà , me dit *Coxi-Ficondom* , les seuls moyens qu'on ait employé pour redonner à l'Etat son ancienne Splen-deur , & pour rétablir la Subordination que l'Incapacité & l'Elévation des *Phaats* avoient entiérement fait disparoître. Une noble émulation (bien différente de cet-te ambition déréglée qui aspire aux Em-plois, sans sçavoir comment les remplir) porte chacun dans son état, à mériter les Surnoms & les *Sobriquets* qui ne man-quent

quent jamais de lui donner une Confidération proportionnée à fon Mérite.

C'eft ce qui caufe aujourd'hui la joie
où vous me voiez, pour avoir pu join-
dre à mon Nom propre le Titre & le *Sobriquet* de *Ficondom* du confentement de
mes Compatriotes ; heureux fi je puis
vivre affez pour mériter celui de *Ficon-
dom-Yaou*.

Je rendis mille graces à mon ami des
Eclairciffemens qu'il m'avoit donné, fans
pouvoir me perfuader que cet Etat fût
devenu auffi floriffant par un moyen auffi
fimple ; mais je ne vis perfonne à *Nangafaki* pendant mon féjour qui ne me
confirmât ce que m'avoit dit *Coxi-Ficondom*.

Le Commerce y étoit fur un fi bon
pied, qu'il ne me fallut que quinze jours
pour me défaire avantageufeument de
ma Cargaifon, & en prendre une autre.

Le changement arrivé dans les Mœurs
des Japonois me raviffoit d'admiration.

Ce Peuple que j'avois vu Groffier,
Brutal, Fainéant, & Cruel jufqu'à la fé-
rocité , étoit devenu Sociable , Doux ,
Civil ,

Civil , Laborieux , & Affable pour les Etrangers.

Le changement de leur Condition répondoit au changement de leurs Mœurs ; les Huttes & les Baraques que j'avois laissées à *Nangazaki*, étoient converties en Maisons charmantes , & l'on remarquoit partout une sorte de magnificence & de propreté qui se repandant également sur tous les Membres d'une Societé , ne ressemble en rien à ces Inégalités odieuses que l'on voit dans les Pays où le Luxe & la Pauvreté vont de compagnie.

Mon Vaisseau étant chargé & prêt à mettre à la voile , j'allai prendre congé de *Coxi-Ficondom.* Il me donna le Code des *Sobriquets* , & le Tarif des Emplois publics , en m'assurant qu'il ne doutoit pas que mes Compatriotes n'en fissent beaucoup plus de cas que des Porcelaines dont mon Vaisseau étoit chargé. Je pensai en moi - même qu'il pourroit bien se tromper dans son Calcul , mais je ne lui en témoignai rien , & le quittai en lui promettant de lui rendre

rendre compte de la maniere dont son Présent seroit reçû.

Voilà en quoi consiste le Secret du *Palliatif* que j'ai l'honneur de vous propoer : s'il ne vous fait pas de bien, il ne vous fera pas de mal. Le seul inconvenient qui en puisse résulter, c'est que le Nom des Personnes de mérite , & qui auront différents Talents sera un peu long, & par conséquent incommode à prononcer, mais cette incommodité ne sera pas aussi grande qu'on pourroit se l'imaginer, & il seroit facile d'y remedier.

Au reste, j'ignore si cet Avis aura le bonheur de vous plaire, mais je sçai bien qu'il part d'un Cœur véritablement pénétré de l'Amour de la Patrie & du Bien public. . . . . Vous riez. . . . Seroit-il possible qu'aujourd'hui cette qualité fût un *Sobriquet* ridicule ? Si cela est, vous êtes mort ; tous les Avis sont superflus ; il ne vous faut qu'un *Requiem.*

FIN.

www.ingramcontent.com/pod-product-compliance
Ingram Content Group UK Ltd.
Pitfield, Milton Keynes, MK11 3LW, UK
UKHW020019080726
13614UKWH00003B/1463